BEI GRIN MACHT SICH IHR WISSEN BEZAHLT

AF146249

- Wir veröffentlichen Ihre Hausarbeit, Bachelor- und Masterarbeit

- Ihr eigenes eBook und Buch - weltweit in allen wichtigen Shops

- Verdienen Sie an jedem Verkauf

Jetzt bei www.GRIN.com hochladen und kostenlos publizieren

Bibliografische Information der Deutschen Nationalbibliothek:

Die Deutsche Bibliothek verzeichnet diese Publikation in der Deutschen National-
bibliografie; detaillierte bibliografische Daten sind im Internet über http://dnb.d-
nb.de/ abrufbar.

Impressum:

Copyright © 2016 GRIN Verlag, Open Publishing GmbH
Druck und Bindung: Books on Demand GmbH, Norderstedt Germany
ISBN: 9783668348660

Dieses Buch bei GRIN:

http://www.grin.com/de/e-book/344932/effiziente-makrozyklusplanung-nach-der-
ilb-methode-diagnostik-zielsetzung

Tobias Grötsch

**Effiziente Makrozyklusplanung nach der ILB-Methode.
Diagnostik, Zielsetzung, Planung**

GRIN Verlag

GRIN - Your knowledge has value

Der GRIN Verlag publiziert seit 1998 wissenschaftliche Arbeiten von Studenten, Hochschullehrern und anderen Akademikern als eBook und gedrucktes Buch. Die Verlagswebsite www.grin.com ist die ideale Plattform zur Veröffentlichung von Hausarbeiten, Abschlussarbeiten, wissenschaftlichen Aufsätzen, Dissertationen und Fachbüchern.

Besuchen Sie uns im Internet:

http://www.grin.com/

http://www.facebook.com/grincom

http://www.twitter.com/grin_com

Inhaltsverzeichnis

1 Diagnose

1.1 Allgemeine und biometrische Daten

Um eine systematische, zielgerichtete und erfolgreiche Trainingsplanung gewährleisten zu können, bedarf es unteranderem der Erhebung der allgemeinen und biometrischen Daten.

Diese wurden in einem umfassenden Eingangsgespräch erhoben und in der untenstehenden Tabelle dargestellt.

Tab. 1: Allgemeine und biometrische Daten des Probanden

Alter	23 Jahre
Geschlecht	männlich
Körpergröße	176 cm
Körpergewicht	90 kg
Körperfettanteil	22% (Normwerte siehe Abbildung 1)
Muskelmasseanteil	50% (Normwerte siehe Abbildung 1)
Berufliche Tätigkeit	Metallbauer
vorangegangene sportliche Aktivitäten	3 Jahre Handball (3x90 Minuten / Woche) ,2 Jahre Krafttraining
aktuelle sportliche Aktivitäten	3x/ Woche Handball 2x/ Woche je 60 Minuten nicht strukturiertes aber regelmäßiges Krafttraining im externen Fitness Studio
Trainingsmotive	gezielter Muskelaufbau, Kraftaufbau, Verbesserung von Kraftausdauer, Fettreduzierung
Leistungsstufe	Fortgeschrittener, nach Trainingsalter (ILB) siehe Tab. 7
Trainings- Zeitkontingent	2x Woche je 90 Minuten

	Körperfett				Körperwasser	Muskelanteil
	Wenig	Normal	Viel	Sehr viel	Normal	Normal
Alter 10-12	<8	8-18	18-24	>24	>64	>40
Alter 12-18	<8	8-18	18-24	>24	>63,5	>40
Alter 18-30	<8	8-18	18-24	>24	>62,5	>40
Alter 30-40	<11	11-20	20-26	>26	>61	>40
Alter 40-50	<13	13-22	22-28	>28	>60	>40

Abb.: 1 Normwerte für Körperfettanteil und Muskelmasse (eigene Darstellung)

In der nachfolgenden Tabelle wurden weitere biometrische Messergebnisse (Blutdruck, Ruhepuls) des Probanden erfasst und anschließend an wissenschaftlichen Normwerten beurteilt. Aufgrund der dargestellten Werte wurde der allgemeine Gesundheitszustand ermittelt. Diese Daten sind wichtig um das Training gesundheitsorientiert planen und steuern zu können. Der Blutdruckwert wurde morgens nach einer 10-minütigen Ruhephase am Oberarm mittels eines Blutdruckmessgerätes (Sanitas SMB 21) auf Herzhöhe gemessen, der Ruhepuls am Handgelenk.

Tab. 2: Biometrische Daten (Ruhepuls & Blutdruck)

Biometrischer Parameter	Messwert	Normwert	Bewertung
Ruhepuls	69 Schläge/Minute	60-80 Schläge/Minute (Erwachsener)	Normaler Ruhepuls Keine Einschränkung auf Trainierbarkeit
Blutdruck	122/81mmHg	Normal nach WHO Siehe Tabelle 3.	Normaler Blutdruck Keine Einschränkung Auf Trainierbarkeit

Tab. 3: Normwerte systolischer/ diastolischer Blutdruck nach WHO

Kategorie	Systolisch (mmHg*)	Diastolisch (mmHg*)
optimaler Blutdruck	<120	<80
normaler Blutdruck	<130	<85
hoch-normaler Blutdruck	130-139	85-89
Hypertonie Grad 1	140-159	90-99
Hypertonie Grad 2	160-179	100-109
Hypertonie Grad 3	>180	>110

*mmHg = Millimeter Quecksilbersäule

Nach erhobenen Messwerten von allgemeinen und biometrischen Daten, ist abschließend eine Bewertung über den allgemeinen Gesundheitszustand und die Belastbarkeit des Probanden zu treffen. Diese erfolgen in folgender Tabelle.

Tab. 4: Daten zur abschließenden Bewertung des allgemeinen Gesundheitszustandes

Parameter	Beschränkung/ Bewertung auf Trainierbarkeit
Medikamente	keine
sonstige gesundheitliche Einschränkungen	keine-laut sportärztlicher Untersuchung
allgemeiner Gesundheitszustand	gut bis sehr gut, volle Trainierbarkeit

1.2 Krafttestung

Um eine weitere Trainingsplanung in Bezug auf geplante umzusetzende Intensitäten erstellen zu können, empfiehlt sich eine Krafttestung. Hier stehen der 1-RM Test (Maximalkrafttest), der X-RM-(Mehrwiederholungskrafttest) nach ILB – (individuellen Leistungsbildmethode) und die Intensitätsbestimmung über subjektives Belastungsempfinden zur Wahl. Die Auswahl, des hier angewandten Mehrwiederholungskrafttestes nach ILB (mit 10 Wiederholungen) wurde in Tab. 5: Testverfahren nach ILB Begründung und Ablauf begründet und detailliert beschrieben.

Tab. 5: Testverfahren nach ILB Begründung und Ablauf

Begründung des ausgewählten Testverfahrens	Da ein gesundheitsorientiertes Muskelaufbautraining im Vordergrund steht, und ein Mehrwiederholungskrafttest im Vergleich zu einem Maximalkrafttest ein weit weniger großes Verletzungsrisiko auf das aktive und passive Bewegungssystem darstellt, wird der X-RM-Test nach ILB dem 1-RM-Test hier vorgezogen. Des Weiteren ähnelt der Mehrwiederholungs-Kraft Test" dem Ablauf des Hypertrophie Trainings 20-50 Sekunden TUT= „Time under Tension" (Spannungsdauer) pro Satz.
Testablauf	Nach 5-Minütigen allgemeinen Aufwärmens zum Erhöhen der Körperkerntemperatur auf dem Crosstrainer, erfolgte ein spezielles Aufwärmen der Arbeitsmuskulatur mit jeweils ein Erwärmungssatz pro Übung am Gerät mit unterschiedlichen Belastungsintensitäten in % des eigenen Körpergewichtes, (siehe Tabelle 6) Dieses Warm Up ist durchzuführen um Verletzungen zu vermeiden Die Übungen für den Test wurden so gewählt, dass sie auf den ersten Mesozyklus übertragbar sind. Es wurden bis zu 3 Sätze getestet. Wichtig für einen aussagekräftigen Test ist, das 10 Wiederholungen = WH technisch sauber in einem normalen Bewegungstempo (hier zum Beispiel 4 Sekunden 2-1-2 TUT) ausgeführt werden. Das Ergebnisgewicht (maximale Arbeitsgewicht) sollte (unter Voraussetzung der 10 absolvierten Wiederholungen) möglichst in den ersten 2 Sätzen erbracht werden um eine Muskelvorermüdung zu vermeiden. Anschließend wurde ein 10-miüntiges Abwärmen bei einer Pulsfrequenz von circa 137 Herzschlägen pro Minute absolviert. Hinweis: Der Test muss für jeden Mesozyklus mit angepassten Testübungen neu vorrausgehen.

In nachfolgender Tabelle wurden die Übungen mit Testgewichten sowie die Testergebnisse dargestellt.

Tab. 6: Darstellung des X-RM (ILB) Tests mit Ergebnissen

Übung	WH	Erwärmungssatz	1.Testsatz	2.Testsatz	3.Testsatz	Ergebnis
Bankdrücken Maschine	10	45 kg	60 kg	80 kg	/	80 kg
Schrägbankdrücken Multipresse	10	45 kg	60 kg	/	/	60 kg
Butterfly Maschine	10	30 kg	40 kg	50 kg	/	50 kg
Beinpresse horizontal	10	112,5 kg	145 kg	170 kg	/	170 kg
Beinstrecker Maschine	10	45 kg	50 kg	55 kg	/	55kg
Beinbeuger Maschine	10	45 kg	55 kg	/	/	55 kg
Latzug Maschine	10	30 kg	40 kg	60 kg	80 kg	80 kg
Rudern sitzend am Seilzug	10	30 kg	40 kg	60 kg	/	60 kg
T-Bar Rudern geführt	10	30 kg	40 kg	50 kg	/	50 kg
Crunch - Maschine	10	20 kg	30 kg	/	/	30 kg
Trizepsstrecken am Seilzug	10	20 kg	25 kg	30 kg	/	30 kg

1.2.1 Schlussfolgerung und Konsequenzen für die weitere Trainingssteuerung

Wie bei allen Krafttests existieren aufgrund der zahlreichen möglichen negativen Einflussfaktoren (Gemützustand, Nährstoffaufnahme vor dem Training, vorrangegangener Schlaf) keine Norm- und Referenzwerte. Somit ist ein präziser Leistungsvergleich mit anderen Individuen mit gleichen allgemeinen und biometrischen Daten ist somit nicht möglich.

Der intraindividuelle Leistungsvergleich (innerhalb eines Individuums) ist gut möglich, und für unsere Aufgabenstellung in Bezug auf Trainingsplanung und Trainingssteuerung von größerer Bedeutung da sich somit die Leistungsentwicklung sehr gut messen und dokumentieren lässt.

Voraussetzung ist hierbei eine konsequente und exakte Einhaltung der Rahmenbedingungen des Testablaufs, das heißt Störgrößen werden möglichst umfassend kontrolliert (Tests werden zum Beispiel zur selben Tageszeit, bei gleichem Gemützustand, gleicher Nährstoffaufnahme durchgeführt).

Aus den erhobenen Daten des X-RM Tests und dem Trainingsalter, können wir nun die richtigen Trainingsintensitäten, (orientiert an der Leistungsfähigkeit des bradytrophen Gewebes) mittels des Grobrasters zur Trainingsplanung nach der ILB Methode siehe Tab. 7 ableiten.

Tab. 7: Grobraster nach ILB

Leistungsstufe	Zeitstufe Monate	Organisationsform	Einheiten/ Woche	Übungen/ Muskel	Sätze/ Übung	Intensität in % ILB
Orientierungsstufe	0-1,5	Ganzkörpertraining	2	1-2	1-2	gering
Beginner	1,5-6	Ganzkörpertraining	2	1-2	1-2	50-70
Geübter	6-12	Ganzkörpertraining	2-3	2	(1)2-3	60-80
Fortgeschrittener	12-36	GK/Split*	3-4	1-3	(1)2-3	70-90
Leistungstrainierender	>36	GK/Split	3-6	1-4	2-4	80-100

GK=Ganzkörpertraining   Split=Split Training

2   Zielsetzung/ Prognose

Da für die Dokumentation des Trainingserfolges eine Zielsetzung nach Inhalt, Ausmaß, Zeit sehr wichtig ist, wurden diese in der folgenden Tabelle aufgezeigt.

Tab. 8: Zielsetzung nach Inhalt, Ausmaß, Zeit

Inhalt	Ausmaß	Zeit	Ziel
Muskelaufbau	+3 kg	in 6 Monaten	53kg Muskelmasse nach 6 Monaten Training
Kraftaufbau	+20%	in 6 Monaten	90% 10 X-RM (ILB) nach 6 Monaten Training
Fettreduzierung	-10%	in 6 Monaten	12% Körperfett nach 6 Monaten Training

2.1 Begründung der Zielsetzung

Die wichtigsten Trainingsziele und Ergebnisformen sind unteranderem sportliche Leistungsfähigkeit, körperliche Vollkommenheit, Fitness und Vollkommenheit. (Schnabel, 2008, S. 17-18)

Da Kraftaufbau (Körperliche Leistungsfähigkeit), körperliche Vollkommenheit (Muskelaufbau, Fettreduktion) zu den Trainingsmotiven des Probanden gehören und diese auch zu den wichtigsten Zielsetzungen des Trainers gehören, wurde diese hier so gesetzt.

Wichtig sind hierbei die zu Beginn erhobenen Referenzwerte, um Veränderungen wie reduzierter Fettanteil und Zuwachs an Muskelmasse ordentlich dokumentieren und vergleichen zu können. Des Weiteren sind hierbei in diesem Zusammenhang die Parameter Inhalt, Ausmaß, Zeit von wichtiger Bedeutung.

3   Trainingsplanung Makrozyklus

3.1 Makrozyklusdarstellung

In folgender Tabelle wird der geplante Makrozyklus dargestellt.

Tab. 9: Darstellung des Makrozyklus

	Mesozyklus I	Mesozyklus II	Mesozyklus III	Mesozyklus IV
Zyklusdauer	6 Wochen	4 Wochen	6 Wochen	8 Wochen
spezifisches Trainingsziel	Muskelaufbau (extensiv) Hypertrophie I	Kraftaufbau IK-Maximalkraft	Kraftausdauer	Muskelaufbau (intensiv) Hypertrophie II
Trainingssystem	Ganzkörper	Ganzkörper	Ganzkörper	Ganzkörper
Organisationsform	Station	Station	Station	Station
Einheiten/ Woche	2	2	2	2
Übungen/ Muskelgruppe	1-3	1-3	1-3	1-3
Sätze/ Übung	2	3	2	3
Satzpause	90 Sekunden	120 Sekunden	70 Sekunden	90 Sekunden
Intensität X-RM nach ILB	70-90%	70-90%	70-90%	70-90%
Belastungsdauer/ Satz	50 Sekunden	15 Sekunden	60 Sekunden	40 Sekunden
Bewegungstempo (TUT)/ Wiederholung/ Wiederholungssumme	2-1-2 Sekunden pro Wiederholung = 10 WH	2-0-1 Sekunden pro Wiederholung = 5 WH	2-1-1 Sekunden pro Wiederholung = 15 WH	2-1-1 Sekunden pro Wiederholung = 10 WH

Nun gilt, es den oben dargestellten Makrozyklus auf den Aspekt der übergeordneten Trainingsmethode, aufzuzeigen. Dies geschieht aus Gründen der Übersichtlichkeit in tabellarischer Form siehe Tab. 10

Tab. 10: übergeordnete Trainingsmethode und deren Begründung

Aspekte der Makrozyklusplanung	Begründung
übergeordnete Trainingsmethode	Die Wahl der Trainingsmethodik, wurde aufgrund des Trainingsprinzip der individualisierten Belastung und Belastungssteuerung, anhand des Gesundheitszustands (Trainierbarkeit), Trainingsalters (in Orientierung der Leistungsfähigkeit des bradytrophen Gewebes) und der Trainingsmotive des Probanden gewählt. Wie bereits in Tab. 5 beschrieben wurde sich aufgrund der Trainingsalters und des spezifischen Trainingsziels für die ILB Methode entschieden. Diese ermöglicht eine Intensitätssteuerung über die maximale Last für die festgelegte Wiederholungszahl, die im Mesozyklus auch trainiert werden soll (Eifler, 2013, S. 72) Das Arbeitsgewicht für den jeweiligen Mesozyklus ist nun festgelegt und der Proband trainiert in einer optimalen auf ihn abgestimmten Intensität.

In Tab. 11 werden die geplanten Belastungsparameter aufgeführt und begründet.

Tab. 11: Belastungsparameter und deren Begründung

Aspekte der Makrozyklusplanung	Begründung
	Zyklusdauer: Um hier gewünschte Anpassungseffekte im Körper zu erzielen benötigt es eines bestimmten Zeitraums, zum Beispiel braucht eine Muskelzelle mehrere Wochen zum Wachsen. Das Prinzip der variierenden Belastung besagt das Belastungen, (Trainingsmethoden) nach einer gewissen zeitlichen Dauer gewechselt werden, wodurch gleich mehrere Leistungsfaktoren verbessert werden können. (Güllich K. , 2016, S. 448) eine gewisse Zyklusbelastungsdauer muss deswegen absolviert werden das gewünschte morphologische Anpassungsprozesse stattfinden können.
	Einheiten/Woche/Satzpausen*: das Prinzip der Relation von Belastung und Erholung besagt, dass diese beiden genannten Parameter innerhalb einer Trainingseinheit (Satzpausen) und zwischen verschiedenen Trainingseinheiten (Buskies, 2000, S. 25), eine wichtige Rolle spielt. Morphologische Anpassungsvorgänge (zum Beispiel, Muskel Hypertrophie) brauchen für Aufbauvorgänge eine Erholungsphase. Mit 2 Trainingseinheiten/ Woche, und dementsprechender Pause von 48-72h zwischen den Trainingseinheiten, ist somit eine ausreichende Regenerationsphase gesichert und im zeitlichen beziehungsweise gesundheitlichen Verfügungsrahmen (Grobraster ILB) des Probanden und entspricht dem zu Folge den gegebenen Leistungsvoraussetzungen des Probanden.
Belastungsparameter	**Übungen/ Muskelgruppe:** Je Muskelgruppe sollte in einem Ganzkörpertraining mindestens eine Übung ausgeführt werden um eine ausgewogene Trainingsbalance zu erreichen, Werden zu viele Übungen ausgeführt, steigt die Belastungsdauer der Trainingseinheit. Dies kann negative hormonelle Reaktionen nach sich ziehen (Cortisol Anstieg und daraus resultierender Katabolismus) Im Fokus stand hier das aktive und passive Bewegungssystem auf den höheren Belastungsreiz des darauffolgenden IK-Zyklus = Maximalkrafttrainingszyklus vorzubereiten.
	Sätze/ Übung: Die Satz Zahl pro Übung (hier 2-3) wurde so festgelegt, dass der Muskel im Belastungsumfang gesundheits-orientiert, subjektiv ausbelastet, aber nicht überbelastet wird, und dennoch ein überschwelliger Reiz auf die Muskulatur stattfindet.
	Belastungsdauer: Da in gleicher Intensität aber mit verschiedenen Lasten je nach Trainingsmethode (IK hohe Last/ Ausdauer geringere Last) und diesbezüglich ermitteltem X-RM Testergebnissen trainiert wird, ergeben sich eine unterschiedliche Satzdauer je nach Trainingsziel. IK Training<15 Sekunden, Hypertrophie Training 20-50 Sekunden, Kraftausdauertraining 50-120 Sekunden (Fröhlich S. E., 2002, S. 749)
	Bewegungstempo: (TUT) Die Belastungsdauer=Time under Tension wurde im ersten Mesozyklus 2-1-2 (exzentrisch-statisch-konzentrisch) so gewählt, da im primärpräventiven Krafttraining im mittleren, gleichmäßigen Tempo ohne ersichtliche Pause trainiert wird (Zimmermann, 2002, S. 200)
	Satzpause: Die Satzpause ist erforderlich, dass sich die phosphagenen Speicher (speziell Kreatinphosphatspeicher) durch Re-synthese wieder füllen können, sich die Skelettmuskulatur erholen kann und auf den nächsten Belastungsreiz vorbereitet ist, hierbei geht man bei großen Belastungsreizen (IK Training) von größeren Satzpausen 3-5, Hypertrophie Training 2-3 Minuten, und bei Ausdauertraining 50-120 Sekunden aus (Güllich S. , 1999)
	Intensität: Die ermittelte Intensität von 70-90% (Fortgeschrittener) ergibt sich aufgrund des Trainingsalters aus dem Grobraster zur Trainingsplanung aus der ILB Methode. Diese kann progressiv nach Leistungssteigerung angepasst werden (Eifler, 2013, S. 73-74) und entspricht somit der Zielsetzung, und leitet sich ab aus dem Prinzip der progressiven Belastungssteigerung.

Die Begründung der Organisationsform des Kreistrainings an der Station und die Begründung der Periodisierung mit den daraus resultierenden Adaptionen auf den menschlichen Körper speziell auf das aktive Bewegungssystem wird in Tab. 12 dargestellt.

Tab. 12: Begründung der Organisationsform und Periodisierung

Organisationsform	Die Organisationsform des Ganzkörpertrainings wurde gewählt, weil der Proband einen zeitlichen Verfügungsrahmen von 2 Tagen angab. Ein Split Training wäre bezogen auf das Trainingsalter nach ILB Methode zwar möglich, doch aufgrund des geringen zeitlichen Kontingents und der Zielsetzung suboptimal. Mit einem Ganzkörpertraining können alle Muskelgruppen relativ umfangreich trainiert werden. Wichtig ist, dass wie in Tab. 11 (Übungen/ Trainingseinheit) erwähnt mindestens eine Muskelgruppe pro Trainingseinheit adäquat nach XRM-ILB ausbelastet wird um der Zielsetzung gerecht zu werden. Es wurde sich überwiegend auf mehrgelenkige Übungen konzentriert, da diese Übungen mehr Muskeln beanspruchen und somit ein insgesamt höheres Muskelwachstum als bei isolierten ein gelenkigen Übungen möglich ist. Das Stationstraining hat gerade für trainingserfahrene Personen den Vorteil, dass es für Hypertrophie- und Kraftausdauer- Prozesse aufgrund des gezielten und differenzierten Belastungsreizes zu einer besseren Adaption auf die Skelettmuskulatur kommen kann. (Heiduk, 2013)
Periodisierung	Die Periodisierung ist unteranderem aus gesundheitlich orientierten und zielsetzungsorientierten Gesichtspunkten zu wählen, da der Proband ist zwar trainingserfahren ist, dennoch zuvor unstrukturiert trainiert hat. (Berger, 2008, S. 234) Deswegen wurde für den ersten von 4 Mesozyklen (6 Wochen jeweils ein extensives Hypertrophie Training gewählt um die Muskulatur, den aktiven und passiven Bewegungsapparat auf darauffolgende, höhere Belastungen vor zu bereiten. Somit können erste Hypertrophie Prozesse eingeleitet werden. Um monotone Trainingsanforderungen aufgrund der Blockierung der Adaption zu vermeiden (Harre, 2008, S. 94) wurde im 2. Mesozyklus ein IK Training geplant um die Rekrutierung und Frequentierung des Nervensystems zu steigern, unerschlossene motorische Einheiten zu aktivieren und intermuskuläre Koordination zu verbessern (Olivier, 2008, S. 115). Um die Fähigkeit der gesteigerten Nährstoffaufnahme des Muskels zu generieren hat die Kapillarisierung und enzymatische Ausstattung des Muskels eine vorrangige Bedeutung in der Energiebereitstellung. Besonders unter anaeroben Belastungen (Kraftausdauertraining) kann diese morphologische Adaption hervorgerufen werden. (Fröhlich, 2003, S. 36)

4 Trainingsplanung Mesozyklus

4.1 Darstellung Mesozyklus

Tab. 13 stellt den Mesozyklus I des oben erstellten Makrozyklus in detaillierter Form dar.

Tab. 13: detaillierte Darstellung Mesozyklusplan I

Belastungsparameter	Mikrozyklus I	Mikrozyklus II	Mikrozyklus III	Mikrozyklus IV	Mikrozyklus V	Mikrozyklus VI
Zyklusdauer	1 Woche	1 Woche	1 Woche	1 Woche	1 Woche	1 Woche
Trainingsziel	extensive Hypertrophie	extensive Hypertrophie	extensive Hypertrophie	extensive Hypertrophie	extensive Hypertrophie	extensive Hypertrophie
Trainingseinheiten/ Woche	2	2	2	2	2	2
Organisationsform	Ganzkörper/ Station	Ganzkörper/ Station	Ganzkörper/ Station	Ganzkörper/ Station	Ganzkörper/ Station	Ganzkörper/ Station
Übungen/ Muskelgruppe	2	2	2	2	2	2
Sätze/ Übung	3	3	3	3	3	3
Time under Tension/ Satz	50 Sekunden	50 Sekunden	50 Sekunden	50 Sekunden	50 Sekunden	50 Sekunden
Bewegungstempo/TUT pro Wiederholung	2-1-2	2-1-2	2-1-2	2-1-2	2-1-2	2-1-2
Wiederholungen	10	10	10	10	10	10
Krafttrainingsübungen/ Intensität/ Dokumentation erbrachter Leistungen						
Zyklusnummer	Woche 1	Woche 2	Woche 3	Woche 4	Woche 5	Woche 6
Intensität nach XRM/ Übung	70% XRM in Kilogramm	70% XRM in Kilogramm	80% XRM in Kilogramm	80% XRM in Kilogramm	90% XRM in Kilogramm	90% XRM in Kilogramm
Warm up	5 Minuten	5 Minuten	5 Minuten	5 Minuten	5 Minuten	5 Minuten
Bankdrücken Maschine	56 Kg	56 Kg	64 Kg	64 Kg	72 Kg	72 Kg
Schrägbankdrücken Multipresse	42 Kg	42 Kg	48 Kg	48 Kg	54 Kg	54 Kg
Butterfly Maschine	35 Kg	35 Kg	40 Kg	40 Kg	45 Kg	45 Kg
Beinpresse horizontal	119 Kg	119 Kg	136 Kg	136 Kg	153 Kg	153 Kg
Beinstrecker Maschine	38,5 Kg	38,5 Kg	44 Kg	44 Kg	49,5 Kg	49,5Kg
Beinbeuger Maschine	38,5 Kg	38,5 Kg	44 Kg	44 Kg	49,5 Kg	49,5 Kg
Latzug Maschine	56 Kg	56 Kg	64 Kg	64 Kg	72 Kg	72 Kg
Rudern sitzend am Seilzug	42 Kg	42 Kg	48 Kg	48 Kg	54 Kg	54 Kg
T-Bar Rudern geführt	35 Kg	35 Kg	40 Kg	40 Kg	45 Kg	45 Kg
Crunch - Maschine	21 Kg	21 Kg	24 Kg	24 Kg	27 Kg	27 Kg
Trizeps Strecken am Seilzug	21 Kg	21 Kg	24 Kg	24 Kg	27 Kg	27 Kg
Cool down	10 Minuten	10 Minuten	10 Minuten	10 Minuten	10 Minuten	10 Minuten

4.2 übergeordnetes Konzept des dargestellten Mesozyklus I

Aus den erhobenen biometrischen und allgemeinen Daten, des Gesundheitszustandes (keine gesundheitlichen Einschränkungen), Leistungszustandes (Trainingsalter nach ILB Grobraster) war eine volle Trainierbarkeit gegeben. Belastungsnormativen des Belastungsumfangs, der Belastungsintensität, Belastungsdauer, Belastungshäufigkeit, Belastungsdichte und Belastungsausführung, sind für die Planung und Dosierung und auch für die Beurteilung von Trainingswirkungen erforderlich, (Hottenrott, 2010, S. 101-103) und wurden aufgrund der oben erwähnten Daten (angepasst an die Leistungsvoraussetzungen des Probanden) gewählt. Es wurde mit dem Prinzip der progressivem Leistungssteigerung Steigerung der Intensitäten von 70-90% eine Progression forciert.

Das Training wurde an größtenteils an Maschinen ausgeführt um eine technisch saubere Ausführung zu erlernen woraus die Verletzungsgefahr aufgrund der festgelegten Führung minimiert ist. (Wastl, 2015)
Bradytrophes Gewebe wird auf später mögliche höhere Belastungen im Training eingeübt. Diese Form wurde gewählt da der Grad der bereits erlernten Trainingstechnik nicht abschätzbar war. Die Übungen am Seilzug wurden ausgeführt um die Übungstechnikausführung des Probanden zu schulen und auf Ihn auf eine etwaige, später, erhöhte koordinative Leistungsbelastung (zum Beispiel Freihanteltraining) im hier nicht aufgeführten, bereits geplanten Makrozyklus vorzubereiten.

Durch das relativ geringe Trainings Zeit Kontingent von 2 Trainingseinheiten pro Woche wurde ein Ganzkörpertraining mit dominierend mehrgelenkbeanspruchenden Übungen zu Beginn des Trainings festgelegt um möglichst viele Muskelgruppen zu beanspruchen, Synergisten nicht übermäßig vor zu ermüden (Bompa, 2005, S. 69) und der Zielsetzung der Hypertrophie, der Körperfettreduktion, des Kraftaufbaus, der Steigerung der Kraftausdauer, gerecht zu werden.

4.3 Begründung der Übungsauswahl, Nutzen des Probanden

Um den Nutzen der ausgeführten Übungen für den Probanden schematisch darzustellen geschieht dies aus Gründen der Übersicht in der nachfolgenden Tabelle.
Wurde die Bewegung im Gelenk und die hauptsächlich arbeitende Muskulatur benannt, bezieht sich dies auf die Konzentrische (kraftüberwindende Phase der Übung).

Tab. 14: Übungen, beanspruchte Muskulatur und deren Nutzen

Übung	Nutzen für den Kunden
Brustpresse (Maschine)	Beim Bankdrücken wird hauptsächlich eine Adduktion im Schultergelenk und eine Extension im Ellenbogengelenk ausgeführt, die hauptsächlich beanspruchte Muskulatur ist der große Brustmuskel, jedoch wird auch der vordere Anteil des Deltamuskels mit trainiert wodurch eine Stabilisierung des Schultergelenks stattfindet, der Nutzen des Kunden ist hier, das später höhere Lasten durch ein stabiles Schultergelenk bewegt werden können.
Schrägbankdrücken Multipresse	Beim Schrägbankdrücken wird eine Adduktion eine kleine Anteversion im Schultergelenk und eine Extension im Ellenbogengelenk ausgeführt, die hauptsächlich beanspruchte Muskulatur ist die Brustmuskulatur. Aufgrund des Winkels und der mehrgelenkigen Beanspruch werden andere Muskeln mit trainiert unteranderem den Deltamuskel (vorderer Anteil), da bei allen Druckübungen der Arme nach vorn der vordere Deltamuskel aktiviert wird (Buskies, 2000, S. 389) was zu einem erhöhtem Muskelwachstum, führen kann. Der Kunde spart Zeit und profitiert vom Höheren Muskelwachstum)
Butterfly Maschine	Bei Fly´s an der Butterfly Maschine wird eine Adduktion im Schultergelenk ausgeführt. Die hauptsächlich ausführende Muskulatur ist der große Brustmuskel. Der Vorteil des Kunden liegt in der leichten Erlernbarkeit dieser Übung und der recht hohen Effizienz auf die Zielmuskulatur was den Probanden auch einen ästhetischen Nutzen liefert.
Beinpresse horizontal	Bei der Bewegungsausführung der Beinpresse (horizontal) findet wie oft im Alltag eine Extension im Hüft und Kniegelenk statt, fast die komplette Beinmuskulatur wird hierdurch trainiert Dieser Bewegungsablauf kann die Sprungkraft fördern woraus der Nutzen für den Kunden in seiner anderen Freizeitsportart „Handball" förderlich ist
Beinstrecker Maschine	Der 4-köpfige Oberschenkelmuskel führt hier eine Extension im Hüft wie Kniegelenk aus, diesen Bewegungsablauf findet man bei Sprint ähnlichen Abläufen, denn die Fähigkeit einen möglichst schnellen Kraftanstieg zu erzielen (Explosivkraft) (Buskies, 2000, S. 37) ist dem Kunden hier von schnelleren Startgeschwindigkeiten bei Spielabläufen im Handball von Nutzen. Der Kunde profitiert hier von einer höheren Leistungsfähigkeit auf dem Spielfeld
Beinbeuger Maschine	Der 2-köpfige Oberschenkelmuskel ist der Antagonist (Gegenspieler) des 4-köpfigen Oberschenkelmuskels, um eine ausgeglichene Körperkomposition und Kraftrealisierung zu erreichen, ist es notwendig sowohl Agonisten (Spieler=aktiv, konzentrisch beteiligter Muskel) als auch Antagonisten gleichmäßig zu trainieren. Der Proband nutzt hier von der ausgeglichenen, ästhetischen Muskelverteilung und der daraus resultierenden, erhöhten Leistungsfähigkeit.
Latzug Maschine	Der Latzug an der Maschine ist eine mehrgelenkige Übung. Diese Übung bietet dem Probanden viele Vorteile, er profitiert nicht nur vom dem vielfältigen, effizienten, gleichzeitigen Aufbau des breiten Rückenmuskels,2-köpfigen Oberarmmuskels, sondern findet seinen Nutzen auch in einer nennenswerten Stabilisierung der Wirbelsäule. Da eine leistungsschwache Rückenmuskulatur oft zu Haltungsschäden führt, (Buskies, 2000, S. 11) ist diese Übung vor allem Dingen in seiner beruflichen Tätigkeit von Nutzen.
Rudern sitzend am Seilzug	Der Bewegungsablauf des Ruderns sitzend am Seilzug (Retroversion des Schultergelenks) belastet wie beim Latzug den breiten Rückenmuskel, die Trapezmuskeln (hier eher mittlerer Anteil) und bietet über den gesundheitlichen Nutzen der Wirbelsäulenstabilisation der Nutzen der Stabilisierung des Schultergelenks, der Kunde resultiert bei einer gesunden, gut trainierten Rotatoren - Manschette von der geminderten Verletzungsgefahr, außerdem ist bei dieser Übung wieder mehrgelenkig und der Proband resultiert von Muskelaufbau der Rückenmuskel und Armbeuger Gruppe
T-Bar Rudern geführt	Bewegungsablauf siehe Rudern sitzend am Seilzug, Nutzen des Kunden sind Vermeidung von Rückenschmerzen beim Heben von höheren Lasten auf Arbeit durch stabilisierte Wirbelsäule und gekräftigte Rückenmuskulatur
Crunch - Maschine	Es findet eine Flexion im Hüftgelenk durch die gerade Bauchmuskulatur statt, ein vermindert gestärkte Bauchmuskulatur beeinträchtigt die Funktion der Wirbelsäule (Buskies, 2000, S. 11). Der Kunde profitiert von einer gesunden, geraden Körperhaltung und ästhetisch, wie der Möglichkeit eines Sixpacks bei geringem Körperfettanteil.
Trizeps strecken am Kabel	Durch eine Extension im Ellenbogengelenk wir der 3-köpfige Oberarmmuskel trainiert was den Kunden hilft bei Übungen wie zum Beispiel Bankdrücken höhere Lasten bewegen zu können da dieser Muskel dort als Synergist (Unterstützer wirkt). Der Kunde profitiert hier von Kraftaufbau und dem Nutzen eines Schuss stärkeren Oberarms.

Die Reihenfolge der Übungen wurde so gewählt, dass große Muskelgruppen in mehrgelenkigen Übungen vorrangig trainiert wurden. Das bietet den Vorteil das Synergisten nicht übermäßig vorermüdet werden, was gerade zur Zielsetzung des Kraftaufbaus wichtig ist. Zudem wird der Körper durch diese Reihenfolge vernünftig erwärmt und Stoffwechselprozesse aktiviert.

5   Arterielle Hypertonie und Sport

Zur Teilaufgabe 5 habe ich ein Fachgebiet gewählt, dessen Problematik man im Alltag als Trainers oft antrifft. Viele Menschen leiden unter den negativen Auswirkungen von Hypertonie und aus zahlreichen Studien geht hervor, dass diesem Krankheitsbild unteranderem mit verschiedenen sportlichen Trainingsmethoden entgegengewirkt werden kann.

In der letzten nachfolgenden Tab. 15 werden 2 Studien vorgestellt die die Effekte von Kraftsport auf arterielle Hypertonie erforschen.

Studie I wurde von Anna Lena Bickenbach einer 2012 angehenden Sport Doktorandin, Studie II von Stergios Vlatsas einen angehenden Allgemein Mediziner erstellt.

Die Testabläufe sind sehr unterschiedlich aber führen letztendlich zu einem ähnlichen Ergebnis.

Tab. 15: Darstellung von 2 Studien zu Effekten des Krafttrainings bei Hypertrophie

Titel der Studie	
Auswirkungen von Ausdauer-vs. Krafttraining vs. der Kombination Ausdauer-/Krafttraining auf die systemische Hämodynamik, Gefäßelastizität sowie Herzfrequenzvariabilität bei Patienten mit arterieller Hypertonie	Kardiovaskuläre Effekte eines aeroben versus eines isometrischen Trainings bei arterieller Hypertonie
Verfasser der Studie	
Anna Lena Bickenbach	Stergios Vlatsas
Quelle	
(Bickenbach, 2011, S. 22-86)	(Vlatsas, 2015, S. 31-53)
Jahr der Publikation	
2011	2015
Versuchspersonen	
55 Probanden: darunter 13 Frauen und 42 Männer. ähnlichen Alters, Body Mass Index, Körpergröße und Gewicht	70 Patienten mit bekannter arterieller Hypertonie in medikamentöser Therapie oder mit einem Blutdruck ≥140/90 mmHg ähnlichen Alters, Body Mass Indexes, gleichmäßiger Verteilung des Geschlechts,
Versuchsaufbau	
Die Teilnehmer wurden 12 Wochen im Institut für Kreislauf-forschung einer sportärztlichen, leistungsdiagnostischen Untersuchung. Nach der Eingangsuntersuchung wurde jeder Patient randomisiert in eine der vier folgenden Trainingsgruppen eingeteilt: 1) Ausdauertrainingsgruppe (ATG) 2) Krafttrainingsgruppe (KTG) 3) Ausdauer-und Krafttrainingsgruppe (AKTG) 4) Kontrollgruppe (KG Die Teilnehmer mussten ein Programm ihrer jeweiligen Gruppe absolvieren. Die Intensitäts Steigerung wurde von 50% auf 75% aller 2 Wochen um 5% gesteigert. Gruppe 1 (ATG) trainierte 30 Min. an einem Fahrradergometer Gruppe 2 (KTG) an diversen Krafttrainingsgeräten/ Freihanteln 13 Übungen mit Satz-10 Wiederholungen/ 30 Sekunden Pause Gruppe 3 (AKTG)sowohl Kraft-, als auch Kraftausdauertraining	In Gruppe I & II wurde die maximale Kraft direkt vor Beginn der zweiminütigen Übungszeit durch eine maximale Kontraktion über 5 Sekunden ermittelt. In der, prospektiven, kontrollierten Studie wurden die Versuchspersonen in 3 Gruppen randomisiert aufgeteilt, Nach ausführlicher Aufklärung wurde in folgende Gruppen aufgeteilt: Für die 1. Gruppe (isometrisches Faust Schluss Training) wurden 25 Patienten eingeschlossen. Das isometrische Training fand wie folgt statt: Über 12 Wochen erfolgte 5x/ Woche 4 Sätze mit jeweils 2-minütigen Training bezogen auf 30% der Maximalkraft (digital überprüft. In der zweiten Gruppe (Studienarm 2, Kontrollgruppe -Placebo) wurden 23 Patienten eingeschlossen, die über einen Zeitraum von 12 Wochen bei einer unveränderten medikamentösen Therapie mit einem optisch identischen Faustschlussgerät (Placebo) wie die Probanden in der ersten Gruppe trainiert haben. Die Placebo Geräte waren so eingestellt, dass es für die Faustschlusskontraktionen keine signifikante Kraft (5% der maximalen Kraft) ausgeübt werden musste In der dritten Gruppe (aerobes Training) wurden 22Patienten motiviert, entsprechend der Leitlinien, 5 Mal pro Woche 30/ 45 Minuten ein aerobes Training Ihrer Wahl zu treiben (Joggen, Walking, Radfahren, Schwimmen). Bei allen Patienten der 3 Gruppen blieb die medikamentöse Therapie während der 12-wöchigen Studienlaufzeit unverändert. Allerdings brachen 4 Probanden den Versuch ab.
Zusammenfassung der Ergebnisse	
In allen 3 Gruppen senkte sich der systolische/ diastolische Blutdruck signifikant. ATG = 2,35 % systolisch/ 3,6% diastolisch KTG = 3,44% systolisch/ 4,3% diastolisch AKTG = 4,18% systolisch/ 5,0%diastolisch	Es gab keine bis minimale Veränderungen der Gruppe I (isometrisches Faustschlusstraining) In Gruppe 2 (aerobes Training) wurde ein statistisch signifikanter Abfall des systolischen und diastolischen Blutdrucks beobachtet.
Schlussfolgerungen	
Nicht nur Ausdauertraining hat ein Einfluss auf den Blutdruck. Die Kombination aus Kraft- und Ausdauer-training erzielen sichtbare Ergebnisse auf Blutdruck-senkung. Für eingehendere Erkenntnisse müssen weitere, individuelle Studien durchgeführt werden.	Aerober Sport hat einen positiven Einfluss auf systolische und diastolische Blutdruckwerte. Ob isometrisches Training einen positiven Einfluss auf Blutdruck haben kann, konnte aufgrund der spärlichen Daten nicht festgestellt werden.

6 Literaturverzeichnis

Berger. (2008). *Trainingslehre Trainingswissenschaft Leistung Training Wettkampf.* Aachen: Meyer&Meyer.

Bickenbach, A. L. (2011). *Auswirkungen von Ausdauer-vs. Krafttraining vs. der Kombination Ausdauer-/Krafttraining auf die* . Köln.

Bompa, C. (2005). *Periodization Training for Sports.* Champaign: Human Kinetics.

Buskies, B. -B. (2000). *Fitness-Krafttraining: Die besten Übungen und Methoden für Sport und Gesundheit* (Bd. 17). Hamburg: Rowolt Taschenbuchverlag.

Eifler. (2013). *Empirische Überpprüfung der Effekte verschiedener Ansätze zur Intensitätssteuerung im fitnessorientierten Krafttraining.* Saarbrücken.

Fröhlich. (2003). *Eine empirische Studie zur Methodik des Kraftausdauertrainings.* Frankfurt am Main.

Fröhlich, S. E. (2002). Intensität und Wiederholungszahl als Steuerungsparameter im. *Zeitschrift für Physiotherapeuten,* S. 745-749.

Güllich, K. (2016). *Sport.* Berlin-Heidelberg: Springer Spectrum.

Güllich, S. (Juli/August 1999). Struktur der Kraftfähigkeiten und deren Trainingsmethoden. *Deutsche Zeitschrift für Sportmedizin,* S. 229-232.

Harre. (2008). *Trainingslehre Trainingswissenschaft - Leistung, Training, Wettkampf.* Aachen: Meyer&Meyer.

Heiduk. (19. 04 2013). *Eisenklinik-Sportwissenschaft und Praxis.* Abgerufen am 21. 09 2016 von http://blog.eisenklinik.de/2013/04/19/zirkel-und-stations-training-im-vergleich/

Hottenrott, N. (2010). *Trainingswissenschaft - Ein Lehrbuch in 14 Lektionen.* Aachen: Meyer&Meyer.

Olivier, M. B. (2008). *Grundlagen der Trainingswissenschaft.* Schorndorf: Hofmann.

Schnabel. (2008). *Trainingslehre - Trainingswissenschaft: Leistung - Training - Wettkampf* (Bd. 3. aktualisierte Auflage 2014). Aachen: Meyer&Meyer.

Vlatsas, S. (2015). *Kardiovaskuläre Effekte eines* . Berlin.

Wastl. (4. 10 2015). *http://www.uni-wuppertal.de/startseite.html.* Abgerufen am 22. September 2016 von http://www.itps.uni-wuppertal.de/fileadmin/itps/Wastl/Fit-02_Krafttraining.pdf

Zimmermann. (2002). *Gesundheitsorientiertes Muskelkrafttraining.* Schorndorf: Hofmann Schorndorf .

7 Abbildungs- und Tabellenverzeichnis

7.1 Abbildungsverzeichnis

7.2 Tabellenverzeichnis

BEI GRIN MACHT SICH IHR WISSEN BEZAHLT

- Wir veröffentlichen Ihre Hausarbeit,
  Bachelor- und Masterarbeit

- Ihr eigenes eBook und Buch -
  weltweit in allen wichtigen Shops

- Verdienen Sie an jedem Verkauf

Jetzt bei www.GRIN.com hochladen
und kostenlos publizieren